Hildegard und Felix Rohner-Dobler

Wir sind Kinder auf Gottes Erde

Mein Vorbereitungsheft zur Erstkommunion

Illustriert von Monika Hehle

Tyrolia-Verlag · Innsbruck-Wien

Papst Franziskus hat ein Buch geschrieben: „Laudato si'. Über die Sorge für das gemeinsame Haus". „Die Erde ist unser gemeinsames Haus", sagt er. Unser eigenes Haus sollen wir achtsam hegen und pflegen. Gott hat uns diese Welt geschenkt. In jeder Blume, in jedem Tier, in jedem Menschen, in jedem Fluss und in jedem Berg atmet Gott selbst. Gott ist die Liebe!

Die Laudato-si'-Texte sind der Enzyklika auf der Homepage von www.vatican.va entnommen.
Die Bibeltexte in diesem Buch wurden frei nacherzählt.
Die Lieder in diesem Buch sind von Kurt Mikula. Auf seiner Webseite www.mikula-kurt.net gibt es dazu Mitsing-Videos und weitere Anregungen.
Wir danken der VG Musikedition für die freundliche Abdruckgenehmigung.

Zu diesem Kursheft gibt es auch ein Begleitheft für den/die Gruppenleiter*in.

ISBN 978-3-7022-4068-4

MIX
Papier aus verantwortungsvollen Quellen
FSC® C021956
FSC www.fsc.org

Mitglied der Verlagsgruppe „engagement"

Umschlaggestaltung, Layout und digitale Gestaltung: Tyrolia-Verlag, unter Verwendung eines Bildes von Monika Hehle
Druck und Bindung: Alcione, Lavis (I)
Lithografie: Artilitho, Lavis (I)
ISBN 978-3-7022-4067-7
E-Mail: buchverlag@tyrolia.at
Internet: www.tyrolia-verlag.at

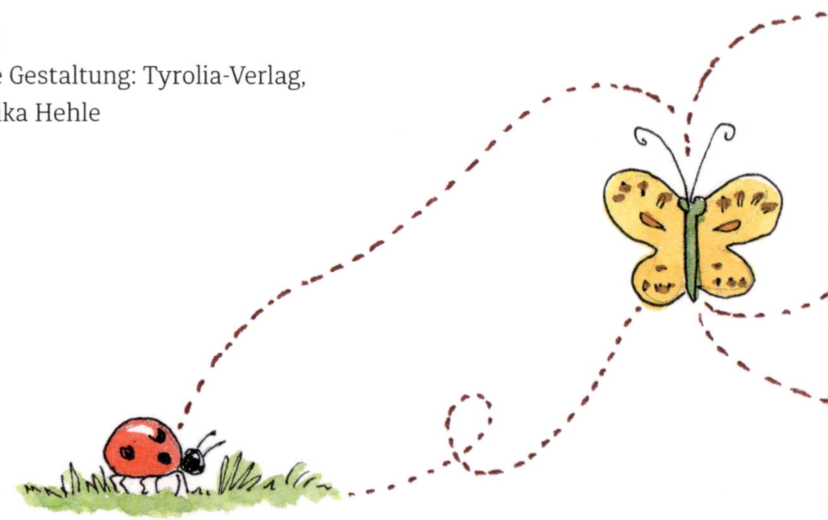

Liebes Erstkommunionkind!

In den folgenden Wochen bereitest du dich mit deinen Freundinnen und Freunden auf die erste heilige Kommunion vor. Kommunion bedeutet Gemeinschaft:

- Gemeinschaft mit Familie, Freunden und Freundinnen
- Gemeinschaft in der Pfarrgemeinde
- Gemeinschaft aller Christinnen und Christen auf der ganzen Welt
- Gemeinschaft mit allen Menschen guten Willens
- Gemeinschaft mit der ganzen Schöpfung

„Wir sind Kinder auf Gottes Erde" heißt dieses Buch. Alle Menschen sind miteinander verbunden. Und alles, was lebt, ist miteinander verbunden: Menschen, Tiere, Bäume, Blumen, ja die ganze Erde.

Dieses Vorbereitungsheft ist dein Buch! Die Geschichten und Gebete aus der Bibel laden dich ein, dass du deine Stärken zur Entfaltung bringst. Gerne darfst du darin malen, deine Gedanken hineinschreiben und es nach deinem Geschmack gestalten.

So, und jetzt wünschen wir dir viel Freude bei deiner Vorbereitung auf die Erstkommunion. Denk stets daran: „Wir sind Kinder auf Gottes Erde!"

Alles ist miteinander verbunden.
Laudato si' Nr. 117

Liebe Eltern!

Das Werkbuch „Wir sind Kinder auf Gottes Erde“ ist eine Vorbereitung auf die erste heilige Kommunion Ihres Kindes. Stehen Sie Ihrem Kind dabei unterstützend zur Seite. Schauen Sie immer wieder einmal in das Werkbuch Ihres Kindes. Bestärken Sie Ihr Kind, damit es seine eigenen Fähigkeiten entfaltet und zu einem selbstbestimmten Leben findet. Die Texte aus der Bibel und von Papst Franziskus bieten eine Möglichkeit, mit Ihrem Kind ins Gespräch zu kommen.

Lesen Sie immer wieder einmal eine biblische Geschichte vor oder ein Gebet – vor dem Schlafengehen oder mitten im Tag –, beachten Sie die Bilder und Gedanken Ihres Kindes oder singen und üben Sie gemeinsam die Lieder zur Erstkommunion. Mittels QR-Code sind sie bereit zum Herunterladen oder Sie schauen sich das Video auf YouTube an und singen dazu.

Die Erstkommunion ist in erster Linie das Fest Ihres Kindes und ein Fest der Gemeinschaft (Communio). Schön, wenn es ein Fest für die ganze Familie wird!

Wir wünschen Ihnen dabei viel Freude.

Hildegard und Felix Rohner-Dobler

Inhalt

1.
Wir sind Teil der Erde – wir sind alle einzigartig

Das Lied der Schöpfung

Im Grunde schafft Gott Himmel und Erde. Im Anfang war die Welt wüst und dunkel. Gott singt, es werde Licht; und es wird Licht. Gott sieht das Licht. Es ist gut.
Erster Tag.

Gott singt, es werde ein Gewölbe und trenne Wasser oben und Wasser unten. Und es wird. Gott sieht das Wasser oben und nennt es Himmel. Es ist gut.
Zweiter Tag.

Gott singt, Trockenes werde sichtbar und es wird. Gott nennt das Trockene Land und das Wasser Meer. Gott sieht alles an. Es ist gut.
Dann singt Gott zum Land: Lass Grün hervorspringen! Die Erde hilft Gott und bringt Grün hervor. Gott sieht alles an. Es ist gut.
Dritter Tag.

Gott hängt die Leuchten – Sonne, Mond und Sterne – in den Himmel. Gott sieht alles an. Es ist gut.
Vierter Tag.

Gott singt, das Wasser wimmle von Fischen und Meerestieren. In der Luft wimmle es von Vögeln. Gott segnet Fische und Vögel. Gott sieht alles an. Es ist gut.
Fünfter Tag.

Gott singt: Die Erde bringe Tiere aller Art hervor, Kriechtiere und Wildtiere. So geschieht es. Gott sieht alle Tiere des Landes an. Es ist gut.
Dann singt Gott: Lasst uns Menschen machen als unser Bild, uns ähnlich. Sie sollen die Fische des Meeres, die Vögel des Himmels und die Tiere des Landes gut verwalten. Gott schafft also den Menschen als sein Bild, als Bild Gottes, männlich und weiblich. Gott segnet die Menschen. Gott sieht alle Menschen an. Es ist sehr gut.
Sechster Tag.

So werden jeden Tag Himmel und Erde neu vollendet. Am siebten Tag ruht Gott und heiligt den siebten Tag.

Nach Gen 1,1–2,3

Ich gehöre zu Gottes Erde

Male dich selbst und alle Menschen, Tiere oder Pflanzen, die du magst.

Gott mag mich, weil ich einzigartig bin!

Name: ....

Adresse: ....

Geboren am: ....

Telefon: ....

Hier kannst du ein Foto von dir als Baby einkleben oder ein Bild von dir bei der Taufe!

Hier ist Platz für ein Foto von dir im Kindergarten!

Und da klebst du am besten ein Foto von dir ein, wie du heute aussiehst!

Zum Nachdenken:

- Du bist einzigartig! Woran merkst du das?
- Was ist für dich besonders schön?
- Wo fühlst du dich geborgen?
- Mit wem bist du verbunden?
- Wohin ziehst du dich zurück, wenn du traurig bist oder einen Fehler gemacht hast?

Mein Daumenabdruck

Das macht die Welt so wunderbar

Text & Musik: Kurt Mikula

4. Schau dir mal die Farben an …
5. Schau dir mal die Wege an …
6. Schau dir mal die Träume an …

https://www.youtube.com/watch?app=desktop&v=b8n0fYCGcr4

Ein guter Mensch ist genug,
um die Hoffnung nicht untergehen zu lassen!
Laudato si' Nr. 71

Gott schaut auf jeden Menschen.
Auf die Starken und Schwachen,
auf die Sonnenseiten und auf die Schattenseiten,
auf das Schöne und weniger Schöne.
Jeder ist, wie er ist!
Jede ist, wie sie ist!
Hör nie auf,
einzigartig zu sein!

Gemeinsam unterwegs

Unsere Gruppenleiter*innen: ....

....

....

....

....

Unsere Treffen:

1. Treffen am ....
2. Treffen am ....
3. Treffen am ....
4. Treffen am ....
5. Treffen am ....

Unser Vorstellungsgottesdienst: ....

Unsere erste heilige Kommunion: ....

Weitere Termine: ....

....

Zu unserer Gruppe gehören

Schreibe in die Trauben die Namen aller, die zu deiner Erstkommuniongruppe gehören.

Jesus sagt:
„Ich bin der Weinstock, ihr seid die Reben."
Johannes 15,5

Großer Gott!

Du schaffst die Erde jeden Tag neu.
Du schaust auf mich und alles Lebendige.
Du findest deine Erde und alles Leben darauf sehr schön.
Alles umarmst du mit deiner Liebe.

Gott, du kennst mich.
Ob ich sitze oder gehe,
du weißt es.
Ob ich hüpfe oder springe
oder mich spielend im Kreis drehe,
du bist bei mir.
Unten und oben,
rechts und links,
hinten und vorne,
du bist bei mir
und legst zärtlich deine Hand auf mich.

Alle deine Werke loben dich:
Sonne, Mond und Sterne,
die Berge, die Seen, die Bäume und die Blumen,
die Tiere des Meeres, die Tiere des Himmels und der Erde,
alle loben dich mit ihrem Gesang und Gegrunze!
Gott, du bist gut und schaust auf uns.
Du schaust auf das große Ganze.

Weil wir das im Alltag leider immer wieder vergessen,
hat uns Jesus sein Erinnerungsmahl geschenkt.
Sonntag für Sonntag treffen sich
Christinnen und Christen
und erinnern sich:
Wir sind Gottes geliebte Töchter und Söhne.
Die Erde ist schön.
Ich bin schön.
Da kann ich nur staunen.
Gott, du bist gut und schaust auf uns.

Amen.

In jeder Blume

Text: Kurt Mikula • Musik: I like the flowers

4. Manchmal, da ist es, als gäb's nur Sonnenschein.

   Manchmal, da fühle ich mich nur schwach und klein.

   Weiß ich weder ein noch aus, Gott, gib mir ein Zuhaus.

   Al - le - lu - ja!

https://www.youtube.com/watch?v=JvUTP2MIiV0

2.
Die Erde ist schön – Gott will alles Leben erhalten

Das Gleichnis vom verlorenen Schaf

Viele Menschen kamen zu Jesus, um ihn zu hören. Auch Samariter – also Ausländer –, Kranke und Gesetzesbrecher. Sie waren bei den Priestern und Schriftgelehrten verachtet und so sagten sie: „Schaut euch an, mit welch schlechten Menschen sich Jesus abgibt. Er setzt sich mit diesem Gesindel an einen Tisch und isst mit ihnen!"
Da erzählte er ihnen diese Geschichte: „Stellt euch vor: Ein Hirte hat hundert Schafe. Er kennt alle Schafe bei ihrem Namen und auch die Schafe kennen ihren Hirten und hören auf seine Stimme. Eines Tages kommt ein Schaf vom Weg ab, verirrt sich und findet nicht mehr zu seiner Herde. Was wird der Hirte wohl tun?
Ein guter Hirte wird die neunundneunzig Schafe auf der Weide zurücklassen und nach dem verirrten Schaf suchen. Und wenn er es gefunden hat, wird er das ängstliche Schaf voll Freude auf seine Schultern nehmen und nach Hause tragen.
Und wenn er nach Hause kommt, ruft er zu den Freunden und Nachbarn: ‚Freut euch mit mir, denn ich habe mein verlorenes Schaf wiedergefunden!'"
„Daher", so sagte Jesus zu den Priestern, „gehe ich zu den verachteten Menschen. Ich esse, rede und feiere mit ihnen. So gewinnen sie Vertrauen in Gott und in sich selbst! Ich sage euch: Gott im Himmel freut sich über einen Menschen, der sich verirrt hat, umdenkt und wieder heimfindet, mehr als über neunundneunzig Gerechte, die meinen, sie seien besser als all die anderen."

Nach Lukas 15,1–7

Der Gute Hirte ist da

Text & Musik: Kurt Mikula

https://www.youtube.com/watch?v=_IzZ4tsR-uA

Gott sucht das Verlorene
und wenn er es findet, dann feiert er ein Fest.
Gott schaut auf uns,
besonders auf die Kleinen und Schwachen.
Auch wir dürfen und sollen
auf die Kleinen und Schwachen schauen.

Die Welt ist Gottes so voll!
Wir können Gott in allen Dingen suchen und finden:
in einem netten Menschen, in jedem Tier, im Wald,
in einer Blume und im kleinen Käfer;
im erfrischenden Bad in einem See,
im leise murmelnden Bach
oder hoch oben auf einem Berg.

Die ganze Erde ist Gottes Haus
und die Erde ist auch unser gemeinsames Haus.
Wir alle sind Geschwister,
wir dürfen und sollen
die Erde achtsam bebauen
und in Ehre hüten.

Der Erdboden, das Wasser, die Berge –
alles ist eine Liebkosung Gottes.
Laudato si' Nr. 84

Umdenken – neu wahrnehmen

Wir sind eingeladen, immer wieder umzudenken, neu zu denken und die Welt aus einem neuen Blickwinkel zu sehen. Mit neuen Augen auf das schauen, was uns wichtig, heilig und wertvoll ist.

Laura:
„Mir sind meine Eltern und mein kleiner Bruder wichtig und heilig. Im letzten Winter habe ich viel Zeit vor dem Fernseher verbracht. Das möchte ich mir abgewöhnen und mehr Zeit mit meiner Familie verbringen und gemeinsam spielen. Auch möchte ich Oma und Opa öfter besuchen, die gleich um die Ecke wohnen."

David:
„Ich esse gerne Burger. Mein Papa hat mir erzählt, dass die Tiere oft in engen Ställen leben müssen und viel leiden, nur damit ihr Fleisch billig ist. In nächster Zeit möchte ich nur noch am Sonntag Fleisch essen, dafür mehr Gemüse."

Sarah:
„Mein Papa hat mich im Winter jeden Tag in die Schule gefahren. Das war immer sehr warm und bequem. Jetzt wird es draußen wieder wärmer. In nächster Zeit bitte ich meinen Papa, dass er mit mir zu Fuß zur Schule geht, oder ich gehe mit meinen Freundinnen. Ich habe ja nicht weit."

Yannik:
„Mit meinem Taschengeld kaufe ich oft eine Limo in der Plastikflasche. Meine Mama hat mir gesagt, dass viele Plastikflaschen ins Meer gespült werden. Dort schlucken das die Wale und sterben sogar dabei. Ich nehme mir vor, weniger Limos zu kaufen und öfter Leitungswasser zu trinken."

Zum Nachdenken

- Was ist dir wichtig und heilig?
- Worauf möchtest du neu schauen?
- Worauf möchtest du verstärkt hören?

Hier ist Platz für deine Gedanken:

Unseretwegen können bereits Tausende Arten [von Tieren und Pflanzen] nicht mehr mit ihrer Existenz Gott verherrlichen, noch uns ihre Botschaft vermitteln. Dazu haben wir kein Recht. *Laudato si' Nr. 33*

Herr, erbarme dich – Herr, umarme mich

Text & Musik: Kurt Mikula

4. Deine Botschaft kann befreien, lenkt die Schritte neu,

lässt uns lieben und verzeihen: Herr, du bist uns treu!

https://www.youtube.com/watch?app=desktop&v=lalX2aHbTSk

Großer Gott!

Du liebst mich wie ein guter Hirte.
Jesus, du sorgst dich um mich
und wenn ich mich verliere,
suchst du mich.
Oder du schickst einen Freund,
der mich sucht.

Großer Gott!
Du liebst mich wie ein guter Hirte.
Jesus, du magst mich, wie ich bin.
Mit meinen Stärken und Schwächen,
mit meinen Freuden und Ängsten.

Großer Gott!
Du liebst mich wie ein guter Hirte,
du sorgst dich um mich.
Auch ich möchte ein guter Hirte sein
und mich um schwache und hilflose Menschen
und um schwache und hilflose Tiere sorgen.
Jesus, hilf mir dabei
und gib mir deine Kraft.

Amen.

3.
Gott schaut zärtlich auf alles Leben

Der barmherzige Vater

Ein reicher Mann hatte zwei Söhne. Der jüngere von ihnen sagte zum Vater: „Vater, gib mir den Teil des Besitzes, der mir zusteht. Ich will hinaus in die Welt und mein Glück suchen.“ Der Vater verteilte seine Habe. Bald danach nahm der jüngere Sohn alles mit sich und zog in ein fernes Land. Dort verschleuderte er sein Geld und feierte jeden Tag wilde Feste. Alle seine neuen Freunde durften essen und trinken, soviel sie Lust hatten.

Eines Tages war sein Geldbeutel leer und die neuen Freunde wollten nichts mehr von ihm wissen. Da brach eine schlimme Hungersnot in das Land und dem jungen Mann ging es sehr schlecht. So zog er los und fand Arbeit bei einem Bauern. Der schickte ihn auf die Felder, seine Schweine zu hüten. Er war so hungrig, dass er gerne vom Schweinefutter gegessen hätte, aber niemand gab ihm davon.

Da dachte er wieder an seinen Vater und sagte sich: „Die ärmsten Knechte und Mägde meines Vaters haben Brot im Überfluss – und ich komme hier um vor Hunger! Ich will aufstehen, zu meinem Vater gehen und ihm sagen: ‚Vater, ich habe einen großen Fehler gemacht. Ich verdiene es nicht mehr, dein Sohn zu sein. Mache mich zu einem deiner Knechte.‘“

So stand er auf und ging zu seinem Vater. Dieser wartete schon auf ihn und sah ihn schon von ferne kommen, und es war ihm weh ums Herz. Er eilte ihm entgegen, fiel ihm um den Hals und küsste ihn. Der Sohn sprach zu ihm: „Vater, ich habe einen großen Fehler gemacht. Ich bin nicht mehr wert, dein Sohn zu heißen.“ Der Vater aber sagte zu seinen Knechten und Mägden: „Schnell, bringt das beste Kleid her und zieht es ihm an, steckt ihm einen Ring an die Hand und Sandalen an die Füße! Holt ein Kalb und schlachtet es, lasset uns essen und fröhlich sein! Denn dieser, mein Sohn, war tot und ist wieder lebendig, er war verloren und hat wieder heimgefunden!“ Und sie begannen sich zu freuen und feierten ein fröhliches Fest.

Nach Lukas 15,11–24

Zum Nachdenken

Der barmherzige Vater schaut in dieser Geschichte auf seine Söhne. Das Wort „schön“ ist verwandt mit „schauen“. Wir „schauen“ auf das, was wir „schön“ finden!

Was wir „schön“ finden, wollen wir auch „schonen“!

- Auf wen oder was schaust du gerne?
- Was findest du schön?
- Von wem lässt du dich gerne anschauen?

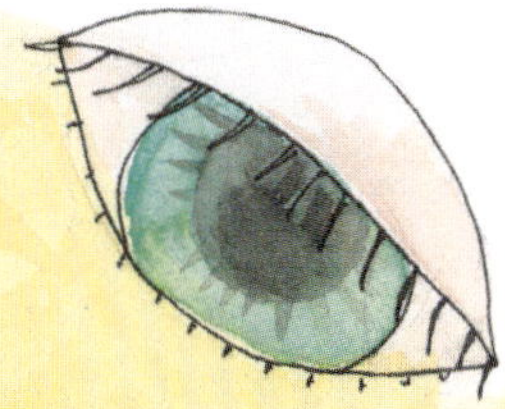

Großer Gott!

Du schaust auf uns,
deine Söhne und Töchter.
Unter deinen Augen können wir wachsen
und lebendig sein.
Danke, dass du immer auf mich schaust!
Danke, dass du mir jemanden schickst,
der auf mich mit liebenden Augen schaut.

Hilf mir,
auf alles Schöne zu schauen,
damit es noch schöner wird.
Hilf allen Menschen,
die schöne Erde zu schonen.

Amen.

Auf die Schönheit zu achten
und sie zu lieben hilft uns.
Laudato si' Nr. 215

Was feiern wir in der Messe?

Eröffnung und Wortgottesfeier – Teil 1

Im Gottesdienst hören wir Gottes Wort. Dies will uns zum Nachdenken über unser Leben bringen – so wie der verlorene Sohn als hungriger Hirte nachdachte. Manche Menschen kommen voll Freude in die Kirche, weil sie eine schöne Woche hatten. Ihr Herz lacht. Andere Menschen sind traurig oder haben Sorgen. Ihr Herz weint.

Vor Gott und in der Messe haben alle unsere Gefühle ihren Raum. Gott nimmt uns an, so wie wir sind. Auch wir sollen uns selbst so annehmen, so wie wir gerade sind!

1 Eröffnung

Der Priester oder der/die Gemeindeleiter/in begrüßt alle und eröffnet den Gottesdienst:

Im Namen des Vaters, des Sohnes und des Heiligen Geistes. Amen!

Dann sagt er/sie:

Der Herr ist mit euch!

Wir antworten:

Und mit deinem Geiste!

2 Herr, erbarme dich unser!

Wir sind Söhne und Töchter Gottes. Wir alle sind Kinder eines großen Königs.

Die Kirche ist Gottes Festsaal. Wie Königssöhne und Königstöchter kommen wir zu Gott und beten:

Herr, erbarme dich unser! Damit ist gemeint:
„Großer König! Schenk uns dein warmes Herz wie der barmherzige Vater!“

Christus, erbarme dich unser! Damit ist gemeint:
„Jesus Christus, König! Schenk uns dein warmes Herz wie der barmherzige Vater!“

Herr, erbarme dich unser! Nochmals bitten wir:
„Großer König! Schenk uns dein warmes Herz wie der barmherzige Vater!“

Lied: Herr, erbarme dich – Herr, umarme mich (S. 22)

Dann spricht der Priester oder der/die Gemeindeleiter/in das Tagesgebet.
Dazu werden wir ganz still und bitten Gott um seine Kraft.

3 Tisch des Wortes

Frauen und Männer lesen aus der Bibel vor. Die Erzählungen der Frohen Botschaft sind Erfahrungen von Menschen, wie ein gutes Leben gelingen kann. Gott will, dass wir das Leben haben und es in Überfülle haben.
In der Predigt deutet ein Priester oder jemand aus der Gemeinde die Worte der Lesung und des Evangeliums. Die Predigt will uns aufbauen und uns an unsere Lebensaufgabe erinnern.
Danach bekennen wir im Glaubensbekenntnis, worauf wir vertrauen.

4 Fürbitten

In den Fürbitten beten wir für Menschen, die in Not sind.
Wir bitten Gott, dass er diesen Menschen Kraft sendet und auch wir können an diese Menschen denken.

Christ-Sein können wir nicht alleine.
Christ-Sein braucht ein „Du“.
Nur gemeinsam gelingt Christ-Sein.
Jeder Mensch braucht einen Freund an seiner Seite.
Auch Jesus will dein Freund sein.

So ist kein Weg lang …

Mit einem Freund an der Seite

Text & Musik: Kurt Mikula

https://www.youtube.com/watch?v=iB7_QAsHT9w

Beste Freunde

Male dich selbst und deine beste Freundin oder deinen besten Freund

4. Wenn jeder gibt, was er hat, dann werden alle satt

Die Geschichte der Brotvermehrung

Nach dem Mittag fuhr Jesus in einem Boot über den See an einen einsamen Ort, um mit seinen Jüngern und Jüngerinnen allein zu sein. Aber die Scharen hörten es und folgten ihm zu Fuß über die Städte und Dörfer. Als er ausstieg, sah er die vielen Leute. Es waren fünftausend an der Zahl. Da wurde ihm weh ums Herz und er heilte die Kranken, die unter ihnen waren und richtete die Gebeugten und Bedrückten wieder auf.

Als es Abend wurde, kamen Petrus, Maria von Magdala und die anderen, die ihm folgten und sagten: „Der Ort ist einsam und abgelegen und die Stunde ist schon vorgerückt; entlass nun die Scharen, dass sie in die Dörfer gehen und sich Essen kaufen."

Jesus aber antwortete ihnen: „Sie brauchen nicht wegzugehen, gebt ihr ihnen zu essen!"

Da sagte Andreas: „Wir haben die Leute schon gefragt, doch alle sagen sie, sie hätten nichts zu essen dabei. Allein ein kleiner Junge hat fünf Gerstenbrote und zwei Fische mit."

Jesus sprach: „Bring den Jungen und die Brote und die Fische her zu mir!"

Dann gebot er den Leuten, sie sollen sich in Mahlgemeinschaften ins grüne Gras setzen. Und sie ließen sich in Gruppen zu hundert und zu fünfzig nieder.

Jesus nahm die fünf Gerstenbrote und die zwei Fische, blickte zum Himmel auf, sprach das Dankgebet, brach die Brote und gab sie den Jüngern und Jüngerinnen. Diese teilten sie weiter an die Menge aus.

Nach und nach entdeckten die Leute, dass sie doch die eine oder andere Kleinigkeit zu essen dabeihatten. Zuvor wollten sie das nämlich nicht sagen, weil sie fürchteten, zu wenig von ihrem Mitgebrachten abzubekommen. Als aber der kleine Junge, der noch ein unschuldiges Herz hatte, das gab, was er hatte, konnten die Großen auch nicht anders und gaben auch, was sie hatten. So aßen alle und wurden satt. Und den Überschuss der Brotstücke hoben sie auf – zwölf Körbe voll.

Bevor es Nacht wurde, gingen die Leute wieder zurück in ihre Städte und Dörfer und lobten Gott für dieses Wunder der Brotvermehrung und sie sagten: „Wenn jeder gibt, was er hat, dann werden alle satt!"

Nach Johannes 6,1–15

Als Jesus die vielen Menschen sieht, wird ihm weh ums Herz.

- Wann wird es dir weh ums Herz?
- Ein kleiner Junge mit einem unschuldigen Herz beginnt zu teilen und steckt die anderen an.
- Was denkst du, warum sind die Erwachsenen erst so zögerlich?
- Wann fällt es dir leicht, zu teilen?
- Wo fällt es dir schwer, zu teilen?

Herr, wir bringen Brot und Wein

Text & Musik: Kurt Mikula

https://www.youtube.com/watch?app=desktop&v=IIAzGU2Astk

Alles Leben entsteht durch Teilen

Wir alle teilen die Luft, die wir gemeinsam atmen,
und den Boden, über den wir gehen,
und das Wasser, das uns belebt und erquickt.
Auch die Blumen und Bäume,
alle Tiere dieser Erde
teilen Luft, Boden und Wasser.
Selbst die kleinsten Lebewesen:
Alles lebt vom Teilen.

Die Käfer, die Würmer, die Algen und die Pilze,
die Insekten, die Reptilien
und die unzählige Vielfalt von Mikroorganismen:
Alles Leben entsteht durch Teilen.

Möchtest du noch etwas dazuzeichnen?

Was feiern wir in der Messe?

Eucharistie und Sendung – Teil 2

„Eucharistie“ ist griechisch und bedeutet: DANKSAGUNG.

1 Gabenbereitung

Die Eucharistie beginnt mit der Gabenbereitung. Ministranten und Ministrantinnen bringen Brot und Wein zum Altar. Die Menschen singen später beim Hochgebet „Heilig“ – ein Loblied auf Gott.

Lied: Heilig, heilig, heilig ist der Herr (S. 43)

2 Wandlung

Als Jesus das letzte Abendmahl feierte, nahm er das Brot, sprach das Dankgebet, brach das Brot und teilte es an seine Jünger und Jüngerinnen aus. Danken und Teilen – so geschieht Wandlung. Nicht nur Brot und Wein werden gewandelt, sondern auch unsere Herzen.

3 Kommunion

Der Leib Christi – das Brot des Lebens wird verteilt.
Kommunion heißt: Gemeinschaft.
Mit unseren Händen bilden wir einen kleinen Altar.
Wenn der/die Kommunionhelfer*in sagt: **„Der Leib Christi"** oder **„Das Brot des Lebens"**, antworten wir: **„Amen!"** – Das bedeutet: So ist es.
Im Mahl begegnen wir Jesus. Wir sind Freunde und Freundinnen Jesu.

**Im Essen geschieht Verbundenheit
mit uns selbst,
mit allen Menschen,
mit der gesamten Schöpfung
und mit Gott.**

4 Segen

Nach der Kommunionfeier spricht der Priester ein Gebet und segnet die Menschen.

Segnen bedeutet:
Das Gute im Menschen anschauen,
die verborgenen Kräfte
im Menschen ansprechen,
damit sie wachsen können
und neu werden.

Lied: Der Segen Gottes möge dich umarmen (S. 52)

5 Sendung

Zum Abschluss sendet uns der Priester als „neue Menschen" in die neue Woche. Messe – missa – bedeutet: Gesendet sein!
Du bist der bzw. die Gesandte eines großen Königs!
Wir müssen nichts „machen", sondern nur zulassen, dass das Neue in uns wirkt.

Danken und Teilen
Wenn einer eine Million Euro
geschenkt bekommt und nicht
dankbar ist, bleibt sein Herz leer.
Wenn wir auch für Kleinigkeiten
dankbar sind, füllt sich unser Herz.
Dankbarkeit nährt die Seele.

Zum Nachdenken

Der Segen Gottes ist wie eine Umarmung.

Schreibe oder male, wo du dich geborgen fühlst!

Schreibe ein Dankgebet

Lobt Gott allezeit!

Alle Engel des Himmels,
Sonne und Mond und all ihr leuchtenden Sterne:
Lobt den Heiligen!
Ihr Berge mitsamt den Hügeln,
ihr Obstbäume und alles Nadelgehölz,
ihr wilden und zahmen Tiere,
ihr Kriechtiere und ihr Vögel,
ihr Könige der Erde und all ihr Völker,
ihr Kinder und ihr Alten:
Lobt Gott allezeit!
Halleluja!
Nach Psalm 148

Heilig, heilig, heilig ist der Herr

Text & Musik: Kurt Mikula

https://www.youtube.com/watch?app=desktop&v=8DFKKV2aBc0

5. Gottes Haus ist unser gemeinsames Haus

Jeder Mensch,

jedes Tier und jede Pflanze
ist ein heiliger Tempel,
ein Haus Gottes.

Wenn du in eine Kirche gehst, ist es,
als ob du in dich selbst hineingehst.
Wenn du in eine Kirche gehst,
dann lass dich in deinem Herzen berühren von der Stille.
So wie in dir alles eine Bedeutung hat,
so hat auch in der Kirche alles seine Bedeutung.

Die ganze Erde ist das Haus Gottes.
Die Kirchen wollen zeigen, dass wir Gott
in jeder Blume, in jedem Baum, in jedem Tier,
in jedem Menschen finden können.
Eine Kirche erinnert uns daran,
dass Gott mitten unter uns wohnt.

Die Pforte

Betrachte einmal in aller Ruhe die Pforte deiner Kirche.
Das ist nicht einfach eine praktische Tür.
Die Menschen, die dieses Gotteshaus gebaut haben,
haben sich einiges dabei gedacht.
Was fällt dir auf?

Die Pforte unserer Kirche ist viele Jahre alt. In all diesen Jahren sind tausende Menschen durch diese Pforte ein- und ausgegangen:

- Deine Eltern haben dich vielleicht durch diese Pforte zur Taufe getragen,
- Verliebte sind hier zum Heiraten durchgegangen,
- alte und junge Männer, Frauen und Kinder,
- Mütter, deren Söhne im Krieg waren,
- Menschen voller Freude,
- traurige Menschen,
- verängstigte Menschen,
- Menschen mit großen und kleinen Sorgen …

- ♥ Wenn diese Pforte sprechen könnte, was würde sie sagen?
- ♥ Werde einmal ganz still! Leg dein Ohr an die Pforte!
- ♥ Vielleicht kannst du hören, was die Pforte dir flüstert …

Das Eintreten

Das Haus Gottes ist etwas Besonderes.
Das Haus Gottes bist du selbst!
Du bist heilig und wertvoll!

Gott können wir überall begegnen:

- zu Hause
- in der Schule
- auf dem Spielplatz
- in der Natur

**Das Haus Gottes ist der Raum, der dir sagt:
Die ganze Welt, jeder Ort
ist etwas ganz Besonderes!
Und du, Mensch,
bist etwas ganz, ganz Besonderes!**

Im Haus Gottes kehren wir in unserem Herzen ein. Wir treffen all die Menschen und Tiere, die in unserem Herzen einen Platz haben.
Wir kehren auch ein bei allen Erlebnissen der letzten Zeit, bei Erlebnissen, die uns Freude bereitet haben, und bei Erlebnissen, die uns Sorgen machen.
Damit wir unser Herz besser hören können, ist das Haus Gottes ein Raum der Stille.

Beim Eintreten machen wir mit dem Weihwasser ganz langsam ein großes Kreuz: Mit unseren Gedanken (Kopf) und unseren Gefühlen (Bauch), von Sonnenaufgang (unserer linken Schulter) bis zum Sonnenuntergang (unserer rechten Schulter) wollen wir ganz bei uns selbst und bei Gott sein!
Dabei sagen wir:

**Im Namen des Vaters
und des Sohnes
und des Heiligen Geistes.
Amen.**

Das Schreiten, das Stehen und das Sitzen

Wir sind alle Töchter und Söhne eines großen Königs.
Im Haus Gottes achten wir darauf, dass wir Königskinder sind.
Vor Gott soll unser Gehen ein königliches Gehen sein.
Wir schreiten wie Prinzen und Prinzessinnen Gottes.

Was für das Schreiten gilt, gilt freilich auch für das Stehen und das Sitzen. In jeder Bewegung wollen wir uns unserer königlichen Würde bewusst werden.

Vor Gott haben wir alle denselben Wert:
der Bürgermeister und ein Kind,
ein Reicher und ein Armer,
ein Junger und ein Alter,
ein Gesunder und ein Kranker.

Das Taufbecken

In der Kirche steht das Taufbecken. Darin werden kleine und manchmal auch große Kinder oder Erwachsene getauft. Das Taufbecken erinnert uns an unsere Taufe.
Das Wort „Taufe“ kommt von „Tiefe“. Gemeint ist: „In der tiefsten Tiefe deines Herzens gehörst du nur dir selbst und Gott!“ – „Du bist wertvoll und niemals Besitz von jemand anderem!“ – „Du bist Teil einer großen Gemeinschaft!“
Durch die Taufe haben wir Anteil am Königtum, Priestertum und Prophetenamt Gottes.
Als König und Königin bin ich voll der Würde und trage Sorge für die Welt, besonders für die Benachteiligten.
Als Priester und Priesterin bin ich Gott nahe und darf ein Segen sein für andere.
Als Prophet und Prophetin spreche ich für die Anliegen Gottes: Friede, Gerechtigkeit und die Bewahrung der Schöpfung.

Die Kerzen

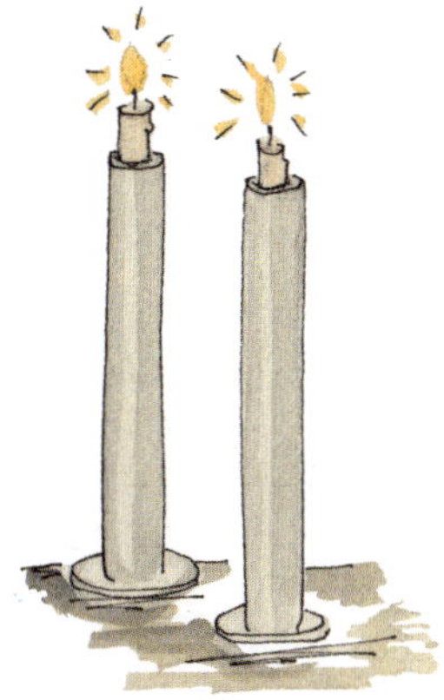

Kerzen schenken ein warmes, angenehmes Licht. Wir können mit all unseren Sorgen, Bitten und Wünschen, aber auch mit Dank zu Gott beten. Der Kerzenschein verwandelt unsere Gebete in glitzernde Sterne.

Der Ambo – der Tisch des Wortes

Dieses Lesepult heißt Ambo.

Das bedeutet: hinaufsteigen,
weil der Ambo ein wenig erhöht ist.
Hier werden Gebete und Geschichten
vorgelesen. Die Worte aus der
Heiligen Schrift wollen uns aufbauen
und uns daran erinnern,
dass wir Kinder des einen großen
Königs sind.

Der Altar – der Tisch des Brotes

In vielen Familien steht der Esstisch an einem besonderen Ort der Wohnung.
Da sitzt die Familie zum Essen zusammen.
Am Esstisch versammelt sich die gesamte Familie zu einem großen Fest. Am Esstisch wird gespielt, gelacht, gesungen …

**Mittelpunkt in der Kirche:
Gottes Esstisch, der Altar,
steht in der Mitte der Kirche.
Am Tisch Gottes feiern wir,
dass alles miteinander verbunden ist.**

Der Tabernakel

In der Messe wird nach der Kommunion das überzählige geweihte heilige Brot in diesen schönen Schrank gestellt. Dieser Schrank heißt Tabernakel.

Das Wort bedeutet: Hütte oder Zelt.
Tabernakel ist mit Taverne, also Gasthaus, verwandt.
Der Tabernakel ist das Herz der Kirche.

Über dem Tabernakel brennt das „Ewige Licht".
Dieses Licht brennt Tag und Nacht. Es zeigt an, dass Gott hier zu Hause ist. Ebenso ist in dir ein göttliches Licht.
In dir ist das *Heilige* immer da!
Es brennt bei Tag und bei Nacht.

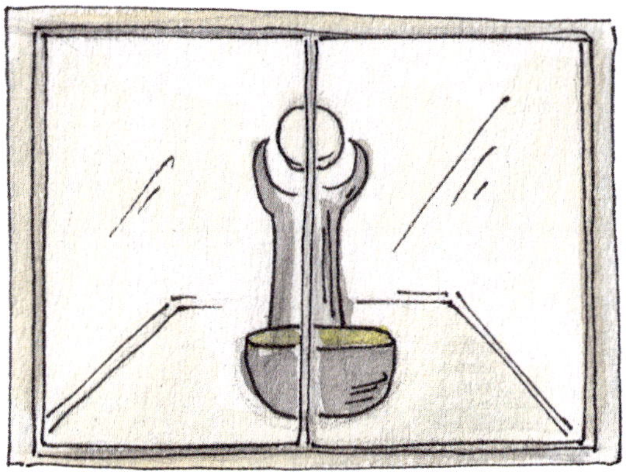

„Du bist der Sohn,
du bist die Tochter
eines großen Königs,
einer großen Königin!"

Vater unser

Vater unser im Himmel,
geheiligt werde dein Name.
Dein Reich komme.
Dein Wille geschehe,
wie im Himmel
so auf Erden.
Unser tägliches Brot
gib uns heute.
Und vergib uns unsere Schuld,
wie auch wir vergeben unsern Schuldigern.
Und führe uns nicht in Versuchung,
sondern erlöse uns von dem Bösen.

Amen.

Der Segen Gottes möge dich umarmen

Text & Musik: Kurt Mikula

https://www.youtube.com/watch?app=desktop&v=OvzzSteUd9A

Überlege dir, was du tun kannst, damit es durch dich in deiner Familie, deiner Klasse heller und wärmer wird. Überlegt zusammen, was ihr in eurer Gemeinde für die Menschen oder die Natur tun könnt.

***Es gibt so vieles,
was man tun kann!***
Laudato si' Nr. 180

Hier hast du noch Platz für ein schönes Erinnerungsfoto von deiner Erstkommunion. Vielleicht möchtest du auch aufschreiben, welche schönen Dinge du unternommen hast.

Gott, unser Gott,

wie gewaltig ist dein Name auf der ganzen Erde!

Wenn ich deinen Himmel sehe,
das Werk deiner Hände,
den Mond und die Sterne,
die du geschaffen hast.

Wenn man von einem deiner Sterne
auf die Erde herabblicken würde,
wie winzig wären wir Menschen da.
Und doch sind wir groß,
weil du an uns denkst.
Du hast uns Menschen
nur wenig geringer gemacht als du bist,
du hast uns gekrönt mit Glanz und Ehre,
du traust uns viel zu.

Du hast uns eingesetzt als kluge Verwalter
über deine ganze Schöpfung,
du hast uns anvertraut:
Schafe und Rinder, sie alle,
und auch die wilden Tiere:
Rehe und Hirsche im Wald,
Hasen und Igel auf dem Feld.
Die Vögel des Himmels
und die Fische im Meer.
Gott, unser Gott,
wie gewaltig ist dein Name auf der ganzen Erde!
Frei nach Psalm 8

Geschenke zur Erstkommunion

- **Mein Album zur Erstkommunion**. Von Birgit & Georg Bydlinski, illustriert von Birgitta Heiskel. Für eine besondere Feier, die gerne in Erinnerung behalten werden will. ISBN 978-3-7022-3727-1
- **Was ich dir zur Erstkommunion wünsche**. Ein wunderbares Wünschebuch mit Gedichten, Bibelstellen und kleinen Sprüchen. ISBN 978-3-7022-3728-8
- **Miteinander können wir vieles**. Geschichten zur Erstkommunion von Birgit & Georg Bydlinski, illustriert von Leonora Leitl. Erlebnisse aus dem Alltag werden mit Geschichten aus der Bibel in Beziehung gesetzt. ISBN 978-3-7022-3490-4
- **Ein Löffel Honig**. Eine Geschichte zur Erstkommunion von Lene Mayer-Skumanz, die von Julia und anderen Kindern erzählt, die in der Vorbereitungszeit auf dieses Fest ganz besondere Erfahrungen machen. In 5., neu überarbeiteter Auflage, illustriert von Birgitta Heiskel. ISBN 978-3-7022-3726-4
- **Mein Erstkommunion-Gebetbuch**. Die wichtigsten Grundgebete der Kirche, gesammelt von Anna Hintner, liebevoll illustriert von Susanne Maier. Ein Klassiker in 5. Auflage, in gebundener Ausgabe (ISBN 978-3-7022-3038-8) und Schmuckausgabe (ISBN 978-3-7022-3039-5)
- **Mein Erstkommunion-Messbuch**. Dieses Messbüchlein in roter Schmuckausgabe von Maria Radziwon macht Erstkommunionkinder mit der heiligen Messe vertraut. Viele Illustrationen von Sybille Tezzele-Kramer helfen, diese Feier zu verstehen. ISBN 978-3-7022-3405-8
- **Ein Brief für die Welt**. Die Enzyklika „Laudato si'" von Papst Franziskus für Kinder erklärt. Umweltverschmutzung, Ungerechtigkeit, Arbeitslosigkeit ... Bereits in 4. Auflage gelingt es Hubert Gaisbauer, die wesentlichen Punkte dieser Enzyklika für Kinder verständlich darzulegen und in ihrem Leben zu verankern. Mit Bildern von Leonora Leitl. ISBN 978-3-7022-3523-9